Inhalt

Auswirkungen der IAS/IFRS auf die Bilanzierung von Spezialfonds

Kernthesen

Beitrag

Fallbeispiele

Weiterführende Literatur

Impressum

Auswirkungen der IAS/IFRS auf die Bilanzierung von Spezialfonds

A. Kaindl

Kernthesen

- Ab 2005 müssen kapitalmarktorientierte Unternehmen ihre Konzernabschlüsse nach internationalen Rechnungslegungsstandards erstellen. Diese verlangen für Spezialfonds eine deutlich aufwendigere Bilanzierung als das HGB.
- Institutionellen Investoren in Spezialfonds stehen verschiedene Möglichkeiten offen die aufwendige Bilanzierung nach IAS/IFRS

zu umgehen.
- Die Umstellung auf internationale Rechnungslegungsstandards bei den institutionellen Anlegern führt bei den Kapitalanlagegesellschaften zu stark gestiegenen Anforderungen an das Reporting von Spezialfonds.

Beitrag

Unterschiede in der Bilanzierung von Spezialfonds nach HGB und IAS/IFRS

Spezialfonds sind im institutionellen Asset Management in Deutschland lange das Vehikel der Wahl von Investoren gewesen, die professionelles Vermögensmanagement mit effizienter und regulierter Verwaltung verbinden wollten. Die wesentlichen Vorteile eines Spezialfonds sind die Steuerung der Erträge, die Verlagerung der Wertpapierbuchhaltung und verwaltung sowie die regulatorische Verwertbarkeit des Fonds als jährlich geprüftes Anlagevehikel. (7)

Ab Januar 2005 müssen kapitalmarktorientierte

Unternehmen ihre Konzernabschlüsse nach den International Accounting Standards (IAS) / International Financial Reporting Standards (IFRS) erstellen und veröffentlichen. Unter den deutschen Spezialfondsanlegern dürften weit mehr als die Hälfte ihre Konzernabschlüsse IAS/IFRS-konform zu erstellen haben, da sie als kapitalmarktorientierte Unternehmen einzustufen sind. Von Spezialfondsinvestoren verlangen die IAS/IFRS eine deutlich aufwendigere Bilanzierung als das HGB. Deshalb wird die Frage diskutiert, ob die Spezialfonds auch in Zukunft eine so bedeutende Rolle wie bisher spielen werden. Die internationalen Rechnungslegungsvorschriften stufen Sondervermögen als Special Purpose Entities (Zweckgesellschaften) ein. Als solche sind sie vom Anleger zu konsolidieren, wenn er die wirtschaftliche Kontrolle über das Sondervermögen ausübt. Dies ist gegeben, wenn der Investor die Mehrheit an den Chancen und Risiken des Sondervermögens hält. Dies gilt unabhängig davon, ob es sich um einen Spezial- oder Publikumsfonds handelt. Dabei gibt es keine eigenen Konsolidierungsvorschriften für Investmentfonds, sondern es sind insbesondere die Vorschriften des IAS 32 und IAS 39 auf die Vermögensgegenstände des Fonds anzuwenden. [(1)](), [(3)](), [(4)]()

Die teilweise vertretene Meinung, dass der

Spezialfonds als Anlageinstrument für institutionelle Investoren an Bedeutung verlieren wird, ist vor allem darauf zurückzuführen, dass der Fonds ein wichtiges Charakteristikum, die Reduktion von Abschreibungsrisiken, verlieren wird. Bisher musste der nach HGB bilanzierende institutionelle Investor nicht die einzelnen im Fonds enthaltenen Wertpapiere bilanzieren, sondern lediglich die Fondsanteilscheine. Bei der Bilanzierung dieser Anteilscheine werden die im Fonds enthaltenen Wertpapiere zum Marktpreis bewertet. Dadurch heben sich im Fonds Abschreibungen durch Wertverluste einzelner Titel mit Zuschreibungen der Wertzuwächse andere Titel auf. Für Unternehmen, die ab 2005 nach den IAS/IFRS bilanzieren müssen oder wollen, wird dieser Vorteil Bilanzierung zu Anschaffungskosten und Bildung von stillen Reserven entfallen. Denn in der IAS/IFRS-Konzernbilanz sind die nach Anlagekategorien zusammengefassten Vermögensgegenstände des Fonds selbst zu bilanzieren und zwar zum Fair Value (Marktwert) des Bilanzstichtags. Dies beeinflusst auch die Möglichkeit, auf Fondsanteile des Anlegers in der Konzernbilanz stille Reserven zu bilden. Bewertung zum Fair Value bedeutet nicht, dass alle Wertveränderungen der Vermögensgegenstände eines Spezialfonds direkt beim Anleger ergebniswirksam sind. Im Regelfall stufen die Anleger ihre Vermögensgegenstände in die

Bewertungskategorie Available for Sale ein. In diesem Fall sind die Wertveränderungen, also die nicht realisierten Gewinne und Verluste, in die so genannte Neubewertungsrücklage (Ausweis unter dem Eigenkapital) einzustellen und bleiben damit erfolgsneutral. Erst bei Veräußerung der Vermögensgegenstände werden die realisierten Gewinne und Verluste ergebniswirksam. (1), (2)

Einfluss der Beteiligungsquote an einem Spezialfonds auf die Bilanzierung

Voraussetzung für die Einbeziehung der Beteiligung an einem Spezialfonds in die Konzernbilanz ist, dass das bilanzierende Unternehmen die Mehrheit der Anteile eines Spezialfonds hält, das heißt die so genannte wirtschaftliche Kontrolle über diesen Spezialfonds besitzt. Die Entscheidung, ob wirtschaftliche Kontrolle vorliegt, bestimmt sich nach den Kriterien des SIC-12, einer interpretierenden Stellungnahme zu IAS 27. Die Aufzählung der Kontrollmöglichkeiten in SIC-12 ist beispielhaft und die Konsolidierung erfolgt, wenn alternativ eines der folgenden Kriterien erfüllt ist: Auflegung des Investmentfonds auf Veranlassung des Anlegers zur

Unterstützung seiner Geschäftserfordernisse, Festlegung der Investmentstrategie durch den Anleger (Vorgabe der Anlagerichtlinie oder Änderungsvorbehalt), Anleger trägt die Mehrheit der finanziellen Chancen und/oder Anleger trägt die Mehrheit der finanziellen Risiken. (4)

Hält ein Anleger an einem Spezialfonds eine Beteiligung zwischen 20 und 50 Prozent, liegt ein maßgeblicher Einfluss vor mit der Folge, dass die Fondsanteile nach der Equity-Methode zu bewerten sind. Sie werden zu Anschaffungskosten bewertet und entsprechend ihrer Wertentwicklung fortgeschrieben. (4)

Für einen Anleger, der weder die wirtschaftliche Kontrolle noch die gemeinsame Führung oder den maßgeblichen Einfluss auf ein Sondervermögen ausübt, das heißt weniger als 20 Prozent der Anteile hält, ist die aufwendige Konsolidierung der einzelnen Wertpapiere nicht erforderlich. Die Umgehungsmöglichkeiten der Konsolidierung für den Anleger spannen sich folglich entlang dieser Merkmale auf. (3)

Möglichkeiten der Umgehung der

Konsolidierung von Spezialfonds nach IAS/IFRS

Im Gegensatz zu Spezialfonds hat der Investor in einen Publikumsfonds keinen Einfluss auf die Anlagestrategie oder auf die Ausschüttungshöhe. Diese scheinbar mangelnde Individualität machen Publikumsfonds durch eine Reihe von Vorteilen wieder wett. Anleger können u.a. ihr Vermögen breit diversifiziert investieren. Außerdem bieten Publikumsfonds eine hohe Transparenz über öffentlich zugängliche Rechenschaftsdaten, Kurse und Vergleichsmöglichkeiten. Die Publikations- und Prüfpflichten machen Publikumsfonds allerdings teurer als Spezialfonds. (3)

Eine weitere Option sind Poolspezialfonds, also Spezialfonds mit mehreren Anlegern, sofern keiner der Investoren mehr als 20 Prozent der Anteile hält. Da für die Bildung eines Poolspezialfonds mehrere Investoren mit gleichen Interessen notwendig sind, eignen sich diese Investmentvehikel unter anderem für Anleger mit übereinstimmenden Anlagezielen. (3)

Als Alternative kommen auch Dachspezialfonds in Betracht, diese investieren überwiegend in Publikumsfonds. Der Investor kann sein Vermögen breit über verschiedene Asset-Klassen, Märkte und

Branchen streuen. (3)

Die Frage, welche der skizzierten Auswege aus der Konsolidierung der Richtige ist, lässt sich nur anhand der individuellen Anforderungen des Investors beantworten. (3)

Bei Plan Assets muss trotz wirtschaftlicher Kontrolle über einen Spezialfonds keine Konsolidierung erfolgen. Hierbei werden Vermögensgegenstände, die zur Deckung von Pensionsverpflichtungen eingesetzt werden, auf eine selbständige Einheit, beispielsweise einen Trust übertragen und dann üblicherweise in Spezialfonds angelegt. In der Konzernbilanz des Anlegers erscheint nur ein etwaiger Überschuss der Pensionsverpflichtungen über das Planvermögen auf der Passivseite oder ein etwaiger Überschuss des Planvermögens gegenüber den Pensionsverpflichtungen als Aktivposten. Das Ergebnis dieser Saldierung ist im Vergleich zur Bilanzierung nach HGB eine Verkürzung der Bilanz. Es führt damit zu einer Verbesserung der Eigenkapitalquote und weiterer Bilanzkennzahlen. Dieses Trust-Modell ist nicht nur für Großkonzerne nutzbar, sondern auch für mittelständische Unternehmen, wenn die Plan Assets in überbetrieblichen Treuhandmodellen und damit auch in Spezialfonds zusammengefasst werden. (1)

Zukunftschancen des Spezialfonds

Unbeschadet der Anforderungen der IAS/IFRS für die Bilanzierung von Anteilen eines Spezialfonds bei institutionellen Anlegern, bleiben die Vorteile des Spezialfonds unverändert weiter bestehen. Hierbei handelt es sich um eine den rechtlichen Anforderungen des Investmentgesetzes entsprechende, nach den Grundsätzen der Risikomischung investierte und von der Bundesanstalt für Finanzdienstleistungsaufsicht laufend überwachte Anlageform, die dem Investor ein Höchstmaß an Sicherheit, Effizienz und Rentabilität bietet. Die Spezialfonds können, je nach Manager und Anlagekonzept, bis zu 600 oder mehr Titel beinhalten. Die Umschlaghäufigkeit eines Portfolios kann bis zu 150 Prozent pro Jahr betragen. Dazu werden Erträge vereinnahmt, Rückforderungen von Quellensteuern betrieben, Kapitalmaßnahmen nachgehalten und buchhalterisch umgesetzt. Regelmäßige, in vielen Fällen bereits tägliche Bewertungen von Beständen geben dem Anleger und dem Asset Manager umfassende Informationen über die Wertentwicklung des Anlageuniversums. Die verwaltenden Kapitalanlagegesellschaften unterhalten weitreichende automatische Schnittstellen für den Austausch von Informationen mit Asset Manager, Depotbanken und Brokern. Damit ist und bleibt der

Spezialfonds eine Anlageform, die auf einfache Art eine Auslagerung der Administration der Vermögensanlagen ermöglicht. (1), (7)

Der steuerliche Nutzen von Spezialfonds besteht in der Möglichkeit einer gewissen Steuerstundung für den institutionellen Anleger, da Kursgewinne auf Renten und nach dem neuen Investmentsteuergesetz auch auf Termingeschäfte erst bei Ausschüttung steuerbar werden, nicht jedoch schon bei Realisation, sofern die Erträge im Spezialfonds thesauriert werden. (5)

Neue Anforderungen an die Kapitalanlagegesellschaften

Die Umstellung auf internationale Rechnungslegungsstandards wird auch bewirken, dass eine Fondsgesellschaft danach ausgewählt wird, ob sie die gestiegenen Anforderungen an das Reporting von Spezialfonds erfüllen kann. Die Bilanzierung von Sondervermögen nach IAS/IFRS geht weit über die konventionelle Fondsbuchhaltung hinaus. Die Berichterstattung muss exakt und kontinuierlich an die individuelle Bilanzstruktur des Investors angepasst werden. Das bedeutet für Kapitalanlagegesellschaften einen beträchtlichen system- und prozessseitigen Aufwand. Sobald die Fondsaufleger ihre Chance erkennen und sich auch zu Spezialisten in der Wertpapierbilanzierung nach IAS/IFRS entwickeln, werden sie den Anlegern nicht nur die Auslagerung der Wertpapierverwaltung, sondern ebenso die Auslagerung der Verbuchung und Bilanzierung der Wertpapieranlagen anbieten können. (2), (3), (6)

Fallbeispiele

Mittlerweile sehen viele Kapitalanlagegesellschaften eine lohnenswerte Alternative zu den Spezialfonds in Publikumsfonds. Erst kürzlich stockte bspw. die Helaba Invest ihre Produktpalette für Unternehmen um zwei neue Publikumsfonds auf, und die Deutsche-Bank-Tochter DeAM brachte drei Publikumsfonds für die institutionelle Zielgruppe auf den Markt. (2)

Kapitalanlagegesellschaften, die im institutionellen Asset Management wettbewerbsfähig bleiben wollen, müssen hierfür die notwendigen Ressourcen schaffen. Sie haben auf der anderen Seite die Chance, ihre Kunden mit maßgeschneiderten Produktalternativen zu überzeugen. So hat die Activest Luxemburg bereits

2002 begonnen, für die wichtigsten Asset-Klassen institutionelle Anteilsklassen ausgewählter Publikumsfonds einzuführen. Ein stetig zunehmender Teil der institutionellen Assets fließt mittlerweile in diese Produkte. Darüber hinaus bietet Activest Dachspezialfonds, die die Asset Allocation über institutionelle Publikumsfonds abbilden. (3)

Reinhard Mattern, Geschäftsführer der HVB-Tochter iii GmbH, beobachtet am Markt einen Trend hin zu Poolspezialfonds. Da diese nicht konsolidiert werden müssen, setzen immer mehr institutionelle Anleger auf dieses Vehikel oder auf spezielle Publikumsfonds für Institutionelle. (8)

Den deutschen Finanzmarkt kennzeichnet im europäischen Vergleich eine hohe Wettbewerbsintensität. Davon profitieren vor allem mittelständische Kunden. Die Genossenschaftsbanken spielen dabei als dezentrale Gruppe mit rund 1.400 selbständigen Instituten eine wesentliche Rolle. Im Bereich der Rechnungslegung sind Genossenschaftsbanken bisher nur in wenigen Fällen dazu gezwungen, ihre Rechnungslegung auf IAS/IFRS umzustellen. Ein wesentlicher Mehraufwand für die Genossenschaftsbanken entsteht allerdings dadurch, dass in Zukunft die nationalen Vorschriften für den konsolidierten Abschluss immer stärker an internationale Standards angepasst werden.

Genossenschaftsbanken, die einen Konzernabschluss aufstellen müssen, werden sich also in Zukunft auch dann mit der internationalen Rechnungslegung auseinandersetzen müssen, wenn sie nicht kapitalmarktorientiert sind. Die Zukunft der Genossenschaftsbanken sollte nicht durch eine Überreglementierung gefährdet werden. Ein mahnendes Beispiel für einen Kapitalmarkt ohne Genossenschaftsbanken stellt Großbritannien dar. Der britische Finanzmarkt ist gekennzeichnet durch einen hohen Konzentrationsgrad auf der Anbieterseite. 70 Prozent aller Konten werden bei den vier größten Instituten geführt. Von 58 Millionen Briten haben fast drei Millionen keinen Zugang zu Bankdienstleistungen. Insbesondere in ländlichen Gegenden und in kleineren Städten ist die Versorgung der Bevölkerung und der mittelständischen Wirtschaft mit Bankdienstleistungen nicht mehr gewährleistet. (9)

Weiterführende Literatur

(1) IFRS kommt - der Spezialfonds bleibt
aus Zeitschrift für das gesamte Kreditwesen 16-17
vom 01.09.2004 Seite 884

(2) Die glücklichen Jahre sind endgültig vorbei
aus Zeitschrift für das gesamte Kreditwesen 16-17
vom 01.09.2004 Seite 848

(3) Angesichts ernst zu nehmender Nebenbuhler: Quo vadis, Spezialfonds? Internationale Rechnungslegung zwingt Institutionelle zum Umdenken - Publikumsfonds luxemburgischer Provenienz als Alternative
aus Börsen-Zeitung, 18.09.2004, Nummer 181, Seite B6

(4) Exchange Traded Funds: Core Satellite-Strategien mit Publikumsfonds
aus Zeitschrift für das gesamte Kreditwesen 16-17 vom 01.09.2004 Seite 923

(5) Spezialfonds - Wie lange wird dieses deutsche Sonderkonstrukt noch von Bedeutung sein
aus Zeitschrift für das gesamte Kreditwesen 16-17 vom 01.09.2004 Seite 874

(6) Spezialfonds: Warum sinkt die Attraktivität
aus Zeitschrift für das gesamte Kreditwesen 16-17 vom 01.09.2004 Seite 856

(7) Institutionelle brauchen Spezialfonds trotz IFRS
aus Börsen-Zeitung, 02.10.2004, Nummer 191, Seite 4

(8) Institutionelle rücken von Immobilien-Spezialfonds ab Bilanzstandard IFRS zwingt zur Vollkonsolidierung - Mittelzuflüsse nehmen ab - Anleger setzen auf andere "Verpackungen"
aus Börsen-Zeitung, 12.08.2004, Nummer 154, Seite 2

(9) Die Zukunft der Genossenschaftsbanken im Lichte europäischer Rechtsänderungen in der

Rechnungslegung und der Prüfung
aus Zeitschrift für das gesamte Kreditwesen 18 vom
15.09.2004 Seite 983

Impressum

Auswirkungen der IAS/IFRS auf die Bilanzierung von Spezialfonds

Bibliografische Information der deutschen Nationalbibliothek

Die Deutsche Nationalbibliothek verzeichnet diese Publikation in der deutschen Nationalbibliografie; detaillierte bibliografische Daten sind im Internet über http://dnb.d-nb.de abrufbar.

ISBN: 978-3-7379-1321-8

© 2015 GBI-Genios Deutsche Wirtschaftsdatenbank GmbH, Freischützstraße 96, 81927 München, www.genios.de

Alle Rechte vorbehalten. Dieses Werk ist einschließlich aller seiner Teile – z.B. Texte, Tabellen und Grafiken - urheberrechtlich geschützt. Jede Verwertung außerhalb der Grenzen des Urheberrechtsgesetzes bedarf der vorherigen Zustimmung des Verlags. Dies gilt insbesondere auch für auszugsweise Nachdrucke, fotomechanische Vervielfältigungen (Fotokopie/Mikroskopie), Übersetzungen, Auswertungen durch Datenbanken oder ähnliche Einrichtungen und die Einspeicherung und Verarbeitung in elektronischen Systemen.